CW00537534

A korrektúra és a tartalom a szerző munkája és felelőssége.

Az Európai Unióban környezetbarát, klór- és savmentes fehérített papírra nyomtatva.

www.united-pc.eu

Sziklai Edit:

Palackposta kottákkal

Pesti dalok, négysorosok –
Interaktív alkotókönyv

Köszönőlevél

Köszönöm kedves ismerősömnek, Csonka Hajnalkának a szép grafikákat, Kovács Gémes Juliannának a szívhez szóló dallamokat,
Asztalos Ritának, a csodálatos harmóniákat és a kottákat.
Remélem alkotó közösségünkhöz csatlakoznak majd vállalkozó szellemű olvasók. Ebbe a könyvbe szabad beleírni, belerajzolni, sőt ajánlatos!

Sziklai Edit

KEZDŐDJÖN A JÁTÉK!

XXXXXXXXXXXXXXXXXXXXXXXXXXXXX

Kedves Ismeretlen! Hajónapló/2021

A hajó kapitányának sorait olvasod most. SOS!
Itt sodródunk az élet viharos tengerén, várva, hogy elmúljon a vihar. Kihajóztunk barátaimmal és csak csodáltuk az élet ezerszínű arcát, szeltük a hullámokat rendíthetetlenül, fáradtságot nem tűrő kitartással.
Tanultunk, tanítottunk, dolgoztunk, gondoskodtunk, gyűlöltünk, szerettünk, alkottunk, kutattunk.
Esténként, ha kedvünk tartotta, táncoltunk, daloltunk, vagy csak bámultuk a csillagos eget.
Sokszor felvetődött bennünk a kérdés, hogy vajon kik vagyunk, merről jöttünk, hova tartunk?
Váratlan azonban minden megváltozott. A szelek jobbról és balról is csapkodni kezdtek. Sötét fellegek takarták be az eget és szinte irányíthatatlanná vált sorsunk hajója. Azon törtük a fejünket, hogyan is tovább?
Egy napon azonban arra lettünk figyelmesek, hogy messziről halk muzsikaszó szűrődik felénk. Mi lehet ez? Az égiháború vége, vagy a szirének hangja? Ennek fele sem tréfa!
No, ekkor gyorsan lejegyeztük, amit eddig alkottunk, vagy amit be nem fejeztünk, és ebbe a palackba zártuk. Ha olvasod ezt a levelet, akkor szerencsére megtaláltad. Kérlek, folytasd a munkát!

Olvasd tovább, és ha bármi is megihletett, keress minket! Reméljük, hogy sorsverte kis hajónk valamikor szerencsésen partot ér és megtaláljuk egymást!

Szeretnénk, ha interaktív alkotókönyvünk részese lennél! Várjuk mindazok jelentkezését, akik dallamot találnak a verssorokhoz és le is kottázzák, vagy írnak hasonló verseket.

Juttasd el hozzánk!

Alkotótársaimmal már néhány dalt át is varázsoltunk és még jó néhány mesterkezek alatt van. Ezeket megcsillagoztuk. Így is még marad elegendő csiszolni való, dallamra éhes betű. Várjuk folyamatosan mindazoknak a jelentkezését is, akik színeket tesznek a képekbe, vagy új grafikát alkotnak.

Ha megtetszett a kötet és megvásároltad, akkor már csak alkotnod kell. Rajzolj, fess, színezz az adott oldalakon, majd fényképezd le!

Küldd el az e-mail címünkre!

alkotoktarsasaga2021@gmail.com

A legjobb munkákat értékeljük és a *Visszhang* című antológiában tárjuk majd az olvasóközönség elé. Előadási lehetőséget adunk mindazoknak, akik e játékban részt vesznek.

ALKOTÓK TÁRSASÁGA

Új vizeken, 2021

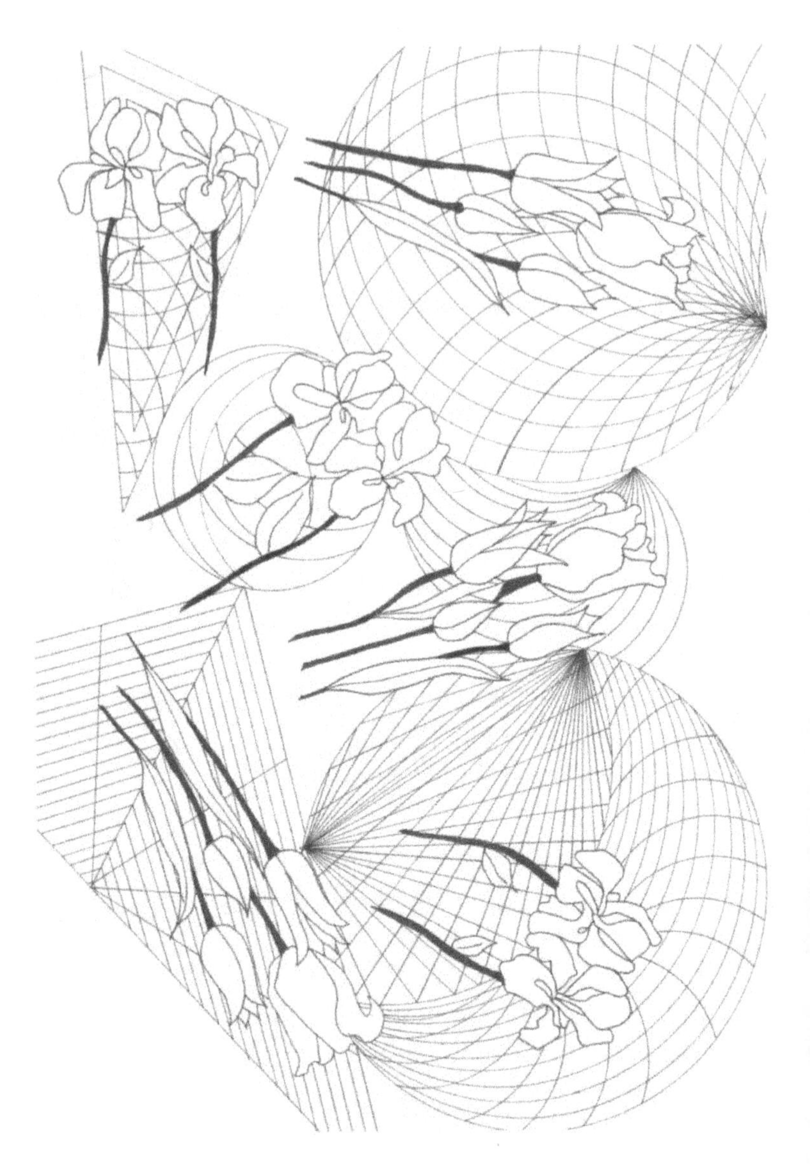

Színezz! Fotózd le és küldd el a címünkre!

SZIKLAI EDIT: DALSZÖVEGEK

Száz rózsát...

Száz rózsát hiába kapnék,
semmit sem érne, ha tudnám,
hogy nem jön több üzenet.

Száz rózsát hiába kapnék,
semmit sem érne, ha tudnám,
hogy többé már nem szeret.

Száz rózsát hiába kapnék,
semmit sem érne, megölne
úgyis egy lidérces álom.

Száz rózsát hiába kapnék,
semmit sem érne, ha tudnám,
hogy többé sohasem látom.

Színezz! Fotózd le és küldd el a címünkre!

*A Sóhajok hídján... (megzenésítve)

A Sóhajok hídján túl, odaát, van egy sziget,
és Te ott vársz rám szüntelen, jó anyám.
A Sóhajok hídján túl, odaát van egy sziget.
Nagy az én bánatom, te is tudod talán.

Refrén:

Álom, vagy valóság nálam egyre megy.
Élet, vagy halál, most itt, majd ott leszek.
Összeköt minket egy vékony lélekfonál,
csak Te érted igazán, hogy nekem mi fáj...!

Az egyik már nem szeret, már nem.
A másikat nem értem. Még nem!
Akit meg szeretnék, az nem szerethet,
titkon sem vallhatok neki szerelmet.

Refrén:

Álom, vagy valóság nálam egyre megy.
Élet, vagy halál, most itt, majd ott leszek.
Összeköt vele is egy vékony lélekfonál,
nem tudhatja meg soh'sem, hogy nekem mi fáj...!

SÓHAJOK HÍDJÁN

(Pesti legenda... dalbetét)

Cmin Fmin B♭7 E♭Maj7
Ösz- sze- köt min- ket egy vé- kony lé- lek- fo- nál,
Fmin Cmin/E♭ D7 D♭9♯11
csak Te ér- ted i- ga- zán, hogy ne- kem mi fáj...! Az
March, secco ♩= 124
Cmin D7♭5 G7 DDim G7
e- gyik már nem sze- ret, már nem. Á...
Fmin Dmin7♭5 Cmin/E♭ Dmin7♭5 Cmin/E♭ G7/D
A má- si- kat nem ér- tem. Még nem! Á...
Cmin B♭7 A♭Maj7 D♭7 Dmin7♭5 A♭9 Gsus4 G7
A- kit meg sze- ret- nék, az nem sze- ret- het.
Cmin F♯Dim7 G7 Cmin
tit- kon sem vall- ha- tok ne- ki sze- rel- met.
Fmin B♭7 E♭ A♭Maj9 Dmin7♭5 A♭9 Gsus7 G7
Á- lom, vagy va- ló- ság ná- lam egy- re megy.
Cmin A♭Maj7 D7♭5 G7
É- let, vagy ha- lál, most itt, majd ott le- szek.

33
Cmin Fmin B♭7 E♭Maj7
Ősz- sze- köt min- ket egy vé- kony lé- lek- fo- nál,
35
Dmin7♭5 Cmin/E♭ D7♭9 G7
csak Te ér- ted i- ga- zán, hogy ne- kem mi fáj...!
37
Cmin B♭7 E♭Maj7 A♭Maj9 Dmin7♭5 A♭7 Gsus7 G7
Á- lom, vagy va- ló- ság ná- lam egy- re megy.
39
Cmin F♯Dim7 G G7
É- let, vagy ha- lál, most itt, majd ott le- szek.
41
Cmin Fmin B♭7 E♭Maj7
Ősz- sze- köt ve- le is egy vé- kony lé- lek - fo- nál,
43
Fmin Cmin/E♭ D7♭5 G7
nem tud- hat- ja meg soh'- sem, hogy ne- kem mi fáj.
45
D♭9♯11 G7♭9 Cmin
hogy ne- kem mi fáj...!

Színezz! Fotózd le és küldd el a címünkre!

Lesz-e még?

Amikor először fogtam meg a kezedet,
átsugárzott rám a végtelen, forró szeretet és
tudtam egymásnak rendelt minket a végzet.
Mit meg nem tettem volna érted…!
Mit meg nem tettem volna érted…!

Refrén:

Lesz-e még az életedben fényes éjszakád?
Lesz- e még, ki szívrepesve újra vár reád?
Ki szívrepesve újra vár reád?
Ki szívrepesve újra vár reád?

Miért van, hogy elmúlik, minden, ami szép,
miért vált egyszer csak vörössé a holdas ég?
Miért is törtük össze a sugárzó üveghegyet?
A sok szilánkból újat már építeni sem lehet.
A sok szilánkból újat már építeni sem lehet.

Refrén:

Lesz-e még az életedben fényes éjszakád?
Lesz- e még, ki szívrepesve újra vár reád?
Ki szívrepesve újra vár reád?
Ki szívrepesve újra vár reád?

Színezz! Fotózd le és küldd el a címünkre!

Sohasem lehet

Sohasem lehet biztos az ember,
hogyan kell szeretni, ha szeretni
nem mer.

Sohasem lehet tűz nélkül égni,
kell, aki tüzet gyújt, egy szerelmes
férfi…

Magasra csapnak ekkor a lángok,
köréje gyűlnek a csillagos álmok.
Azoknak fényénél lelkem szabad,
Szívem örökre a Tiéd...,
csak a Tiéd marad...!

Hidd el!

Hidd el, jókedv nélkül mit sem ér az élet!

A fájdalmak, hidd el, gyógyulnak,
bár sohase lesznek szépek!

Csak odajön, hidd el, ó hidd el,
a kellemes dallam,
ahol a fénysugár Te vagy, Te vagy a dalban,
ahol a fénysugár Te vagy, Te vagy a dalban!

Színezz! Fotózd le és küldd el a címünkre!

Búcsú

Káprázat volt csupán, káprázat
ez a szerelem.
Egy délibáb, mely azt súgta, hogy
szeretem, úgy szeretem-
szeretem, úgy szeretem.

Refrén:

A boldogság ellibben, mint egy lepkeszárny.
Mi elmúlik itt, ott vihart kavar talán.
Mi elmúlik itt, ott vihart kavar talán.

Káprázat volt csupán, káprázat
ez a szerelem.
Tünékeny szépség, mely kísért, mert
soha, de soha sem feledem,-
soha, de soha sem feledem.

Refrén:

A boldogság ellibben, mint egy lepkeszárny.
Mi elmúlik itt, ott vihart kavar talán.
Mi elmúlik itt, ott vihart kavar talán.

Színezz! Fotózd le és küldd el a címünkre!

*Eső után (feldolgozás alatt)

Csendes eső,- ha véget ér,
szárba szökken a virág.
Pompázik, nyílik, táncol, és ami
öntözte, már semmit se lát,
már semmit se lát.

Ilyen, ó ilyen a múló szerelem.
Szép, fájó emlékek sírnak egy
megkövült gyöngyszemen.

Csendes eső, ha véget ér,
szárba szökken a virág.
Pompázik, nyílik, táncol, és ami
öntözte, már semmit se lát,
már semmit se lát.

Miért mindig akkor születnek az új,
szívhez szóló dallamok, mikor már
messze - messze szállt, köddé vált,
ami súgta a dallamot?

Csendes eső, ha véget ér,
szárba szökken a virág.
Pompázik, nyílik, táncol és ami
öntözte, már semmit se lát,
már semmit se lát.

Színezz! Fotózd le és küldd el a címünkre!

*Sose (feldolgozás alatt)

Sose sirasd,- kérlek el a múltat,
sose szidd el,- kérlek a jelent.
Gaz között is nyílnak még virágok,
csalódás után jön a szerelem.

Refrén:

A sorsot ne kérd, ne várd, ne hívd... csak élvezd, éld az életet! Amit kapsz, ne kérd, ne várd, ne hívd...
csak szeress! Az ember mást úgysem tehet!

A halál után jön egy újabb élet,
számodra meghalt, aki elhagyott.
Lásd, eső után jön majd a szivárvány,
és előcsalogatja neked a napot.

Refrén:

A sorsot ne kérd, ne várd, ne hívd... csak élvezd, éld az életet! Amit kapsz, ne kérd, ne várd, ne hívd...
csak szeress! Az ember mást úgysem tehet!

Sose sirasd, kérlek el a múltat,
sose szidd el, kérlek a jelent.
Gaz között is nyílnak még virágok,
csalódás után jön a szerelem…

Színezz! Fotózd le és küldd el a címünkre!

*Soha többé (megzenésítve)

Soha többé nem engedem el,
ha már egyszer újra visszatért.
Ne féljen, hisz több baj nem lehet,
adja most csak a kezét!

Refrén:

Kéz a kézben sokkal szebb az élet,
fittyet hányunk majd a gyengeségnek.
A szívgyógyszer más nem is lehet,
csak a gyengéd, tiszta szeretet.

Bármely messze száll is az a fecske,
érzi, mikor eljön az idő.
Szelek szárnyán tér majd újra vissza,
oda, ahol újra boldog lehet Ő…

Refrén:

Kéz a kézben sokkal szebb az élet,
fittyet hányunk majd a gyengeségnek.
A szívgyógyszer más nem is lehet,
csak a gyengéd, tiszta szeretet.

SOHA TÖBBÉ...

Szöveg: Sziklai Edit
Dal: Kovács Gémes Julianna
Feldolgozta: Asztalos Rita
Andante ♩= 124
F Maj9 E7 A min D
So- ha töb- bé nem en- ge- dem el,
G E7 A min G7/B
ha már egy- szer új- ra visz- sza- tért.
C G/B
Ne fél- jen, hisz több baj nem le- het,
A min7 D G
ad- ja most csak a ke- zet.
G B7
Kéz a kéz- ben sok- kal szebb az é- let,
C G/B
fity- tyet há- nyunk majd a gyen- ge- ség- nek. A
A min E min
szív gyógy- szer más nem is le- het,
D G
csak a gyen- géd, tisz- ta sze- re- tet.

F Maj9 E7 Amin D
Bár- mely mesz- sze száll is az a fecs- ke,
G E7 Amin G7/B
ér- zi, mi- kor el- jön az i- dő.
C C♯Dim7 G/D
Sze- lek szár- nyán tér majd új- ra visz- sza,
G/D D7 G
o- da, a- hol új- ra bol- dog le- het ő.
G B7
Kéz a kéz- ben sok- kal szebb az é- let,
C G/B
fity- tyet há- nyunk majd a gyen- ge- ség- nek. A
Amin Emin
szív gyógy- szer más nem is le- het,
D G D7
csak a gyen- géd, tisz- ta sze- re- tet.
G B7
La, la, la...
C G/B
La, la, la... A

37
Amin
Emin
szív gyógy- szer más nem is le- het,
39
D
G
D7
csak a gyen- géd, tisz- ta sze- re- tet.
41
G
B7
La, la la...
43
C
G/B
La, la, la...
45
Amin
Emin
La, la, la...
47
D
G
La, la, la...
49
G
B7
Kéz a kéz- ben sok- kal szebb az é- let,
51
C
G/B
fity- tyet há- nyunk majd a gyen- ge- ség- nek. A
53
Amin
G/B
szív- gyógy-szer más nem is le- het,
55
G/D
D7
G
csak a gyen- géd, tisz- ta sze- re- tet.

Színezz! Fotózd le és küldd el a címünkre!

*Pesti dal (megzenésítve)

Gyalog indult el Bajáról Jelky.
Nem tudta hova, de el kellett menni.
Engem is hajtanak, űznek titkos vágyak.
Búcsút mondtam már rég én is Bajának.

Refrén:

Csavargó volt Ő, én is csavargó lettem.
Mit keresek Budán, elköltöm Pesten.
Ringnak a Dunán az esti fények.
A Blahán húzzák már a zenészek.

Habos lelkű gesztenyefák nem várnak Baján.
Itt érzem most már jól magam, itt a Blahán.
Keresem, kutatom, mi várhat még rám.
A Broadway-en sem lenne jobb dolgom talán...

Refrén: *Csavargó...*

A hatos a Nemzetinél még mindig meg áll,
de a Nemzet Színháza most a Duna -parton vár.
Ó, és sehol nincsenek már azok az Üllői úti fák,
mégis itt zsong-bong az élet, itt leltem hazát.

Habos lelkű gesztenyefák nem várnak Baján.
Itt érzem most már jól magam, itt a Blahán.
Keresem, kutatom, mi várhat még rám.
A Broadway-en sem lenne jobb dolgom talán…

PESTI DAL

Szöveg: Sziklai Edit
Dal: Kovács Gémes Julianna
Feldolgozta: Asztalos Rita
March ♩= 126
Bmin Bmin/F♯ F♯7/C♯ F♯7
1. Gya- log in- dult el Ba- já- ról Jel- ky
Emin Emin/B C♯min7♭5 F♯7
Nem tud- ta ho- va, de el kel- lett men- ni.
Bmin A G Emin F♯7
En- gem is haj- ta- nak, űz- nek tit- kos vá- gyak
C♯min7♭5 Bmin/D Emin F♯7 Bmin
Bú- csút mond- tam már rég én is Ba- já- nak.
Bmin Bmin/F♯ E♯Dim7 F♯7
Csa- var gó volt Ő, én is csa- var- gó let- tem. Mit
Emin C♯min7♭5 G 7/6 F♯7
ke- re- sek Bu- dán, el- köl- töm Pes- ten.
C♯min7♭5 Bmin/D Emin6 F♯7
Ring- nak a Du- nán az es- ti fé- nyek.

15
Bmin E♯Dim7 F♯7 Bmin
A Bla- hán húz- zák már a ze- né- szek.
17
Bmin C♯7♭9 F♯7
2. Ha- bos lel- kű gesz- te- nye- fák nem vár- nak Ba- ján.
19
Emin G/D A7/C♯ A7 D D7
Itt ér- zem most már jól ma- gam, itt a Bla- hán.
21
G D♯Dim7 Emin F♯7
Ke- re- sem, ku- ta- tom, mi vár- hat még rám.
23
C♯min7♭5 Bmin/D Emin F♯7 Bmin
A Broad- way-n sem len- ne jobb dol- gom ta- lán...
25
Bmin C♯min7♭5 F♯7
Csa- var gó volt ő, én is csa- var- gó let- tem. Mit
27
Emin C♯min7♭5 G7/6 F♯7
ke- re- sek Bu- dán, el- köl- töm Pes- ten.
29
Emin/G Bmin/F♯ Emin6 F♯7
Ring- nak a Du- nán az es- ti fé- nyek.

31
Bmin/F♯ E♯Dim7 F♯7 Bmin
A Bla- hán húz- zák már a ze- né- szek.
33
Bmin G Emin C♯min7♭5 F♯7
3. A ha- tos a Nem- ze- ti- nél még min- dig meg- áll.
35
Emin Emin/D A7/C♯ A D
De a Nem- zet Szín- há- za most a Du- na par- ton vár.
37
G D/F♯ Emin C♯min7♭5 F♯7
Ó, és se- hol nin- cse- nek már a- zok az Ül- lő- i ú- ti fák,
39
Emin Bmin/F♯ F♯sus7 F♯7 Bmin
mé- gis itt zsong- bong az é- let, itt lel- tem ha- zát.
41
Bmin Bmin/A C♯min7♭5/G F♯7
4. Ha- bos lel- kű gesz- te- nye- fák nem vár- nak Ba- ján.
43
Emin Emin/D A7/C♯ D D7
Itt ér- zem most már jól ma- gam, itt a Bla- hán.
45
G E♯Dim7 D/F♯ D♯Dim7 Emin C♯min7♭5 F♯sus7 F♯7
Ke- re- sem, ku- ta- tom, mi vár- hat még rám.

47
Emin
Bmin/D
C♯min7♭5
F♯7
Bmin
A Broad- way-n sem len- ne jobb dol- gom ta- lán...
49
Bmin
G
E♯Dim7
F♯7
Csa- var gó volt ő, én is csa- var- gó let- tem. Mit
51
Emin
C♯min7♭5
G7/6
F♯7
ke- re- sek Bu- dán, el- köl- töm Pes- ten.
53
Emin/G
Bmin/F♯
C♯7/E♯
F♯7
Ring- nak a Du- nán az es- ti fé- nyek.
55
Bmin
E♯Dim7
F♯7
Bmin
A Bla- hán húz- zák már a ze- né- szek. Hej!
57
Emin/G
Bmin/F♯
C♯7/E♯
F♯7
Ring- nak a Du- nán az es- ti fé- nyek.
59
Bmin/F♯
F♯7
Bmin
A Bla- hán húz- zák már a ze- né- szek.

Színezz! Fotózd le és küldd el a címünkre!

*Hogy'- is mondjam el (megzenésítve)

Vörös ködben úsznak ma a budai hegyek.
Keresem a boldogságot, vajon hol lehet?
Átsiklott a villamos a Margit hídon.
Vajon mi vár itt a pesti oldalon?
Refrén:

Hogy'- is mondjam el, a lelkem mit kér, mit üzen?
Egy távoli muzsikaszó azt súgja nekem:
Vár rám a vidámság, vár a szerelem…
Vár rám a vidámság, vár a szerelem…

Aranyhídon tündék tánca a Duna felett.
Lássuk csak, az esti pesti fény mit rejteget?
Kávéházi félhomályban halkan szól a jazz,
Ha fellobban a gyertya lángja, abból mi lesz?

Refrén:

Hogy'- is….

Járunk-kelünk nap,- mint nap: téren-úton át.
Metróról metróra: ezerszer szállunk át.
Tudom, egyszer csak… célba ér a szívünk.
Megleljük azt, kit az „ég" adott nekünk.
Refrén:

Hogy'- is….

HOGY IS MONDJAM EL

(Pesti legenda dalbetét)

Szöveg: Sziklai Edit
Dal: Kovács Gémes Julianna
Feldolgozta: Asztalos Rita
2019. május

13
A
Bmin
E7
A
Vár rám a vi- dám- ság, vár a sze- re- lem...
15
A/C♯
A
Bmin
E7
A
A- rany- hí- don tün- dék tán- ca a Du- na fe- lett.
17
C♯min
E/B
F♯min7
B7
E
Lás- suk csak, az es- ti pes- ti fény mit rej- te- get?
19
D
A/C♯
Ká- vé- há- zi fél- ho- mály- ban hal- kan szól a jazz. Ha
21
Bmin
D
E7
A
fel- lob ban a gyer- tya láng - ja, ab- ból mi lesz?
23
A
C♯
Hogy is mond- jam el, a lel- kem mit kér, mit ü- zen? Egy
25
D
A/C♯
Bmin
E7
tá- vo- li mu- zsi ka- szó azt súg- ja ne- kem:

27
A
E/G♯
F♯min
Vár rám a vi- dám- ság, vár a sze- re- lem...
29
D
A/C♯
Bmin
E7
A
Já- runk- ke- lünk nap, mint nap: té- ren ú- ton át.
31
A
E7
C♯7/E♯
F♯min
Met- ró- ról met- ró- ra: e- zer- szer szál- lunk át.
33
D
A/C♯
DMaj9
E7
Tu- dom, egy- szer csak.. ó.. cél- ba ér a szí- vünk,
35
A
E9
A
E7
Meg- lel- jük azt, kit az "ég" a- dott csak ne- künk. Ó- ó- ó...
37
A
C♯
Hogy is mond- jam el, a lel- kem mit kér, mit ü- zen? Egy
39
D
A/C♯
Bmin
E7
tá- vo- li mu- zsi- ka- szó azt súg- ja ne- kem:

A E/G♯ A
Vár rám a vi- dám- ság, vár a sze re lem...
Swing, vivace ♩= 127
A C♯min
Hogy is mond-jam el, a lel- kem mit kér, mit ü- zen? Egy
D A/C♯ Bmin E7
tá- vo- li mu- zsi- ka- szó azt súg- ja ne- kem:
A B7 E7 A
Vár rám a vi- dám- ság, vár a sze- re- lem...

A Bmin E7 A
Vár rám a vi- dám- ság, vár a sze- re- lem...

Színezz! Fotózd le és küldd el a címünkre!

*Bennem él egy fény (megzenésítve)

Bennem él egy fény, bennem él egy kép.
Gyere, érints meg újra selymes szél.
Lelkem érted ég!

Minden egyes éj, csalfa játszi fény.
Őrzöm lépted még, ahogy elmentél.
Lelkem érted ég!

Árva most e szív,
el kell, hogy hidd!
Nincs oly erő, tőled elszakít!

Bennem él egy fény. Bennem él egy kép.
Gyere, érints meg újra, selymes szél,
Lelkem érted ég!

Látomás vagy csupán, vagy egy álomkép?
Ne gyötörj, ne kísérts, csak szeress, mint rég!
Lelkem érted ég! Lelkem érted ég!
Ölelj még! Ölelj még! Ölelj még!

Árva most e szív,
el kell, hogy hidd!
Nincs oly erő, mi tőled elszakít!

Bennem él egy fény, ...bennem él egy fény. (halkul)
Minden jót ígért, ...minden jót ígért! (halkul)
Bennem él egy kép, ...bennem él egy kép. (halkul)
Ne törd össze még...ne törd össze még! (erősödő hangzás)

Színezz! Fotózd le és küldd el a címünkre!

BENNEM ÉL EGY FÉNY

Szöveg: Sziklai Edit
Dal: Kovács Gémes Julianna
Feldolgozta: Asztalos Rita
Budapest 2021.

Leggiero, giocoso ♩= 83

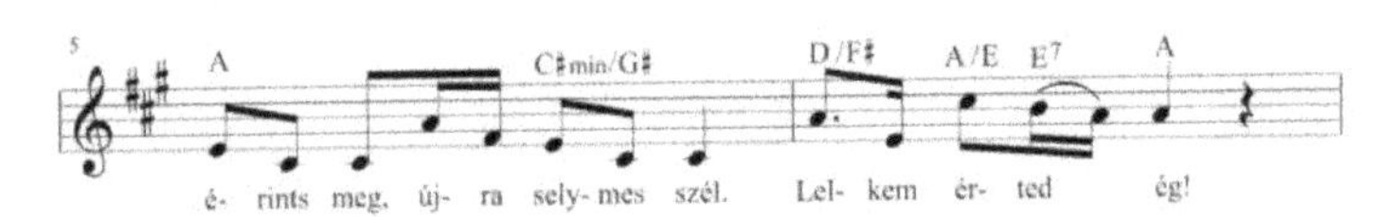

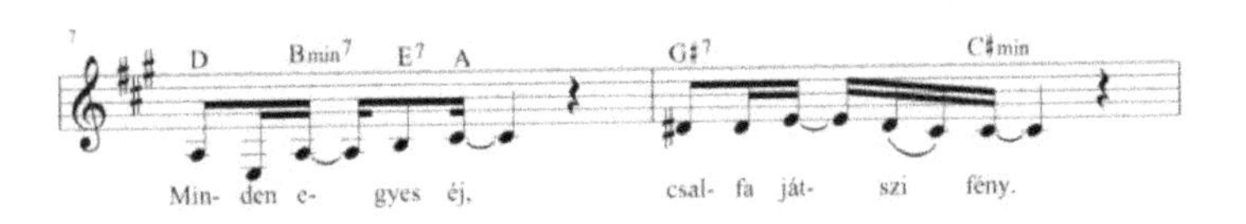

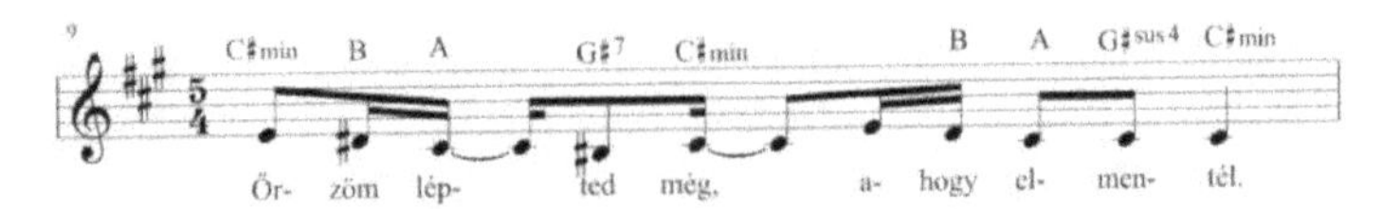

13
G E7/G♯ A A7
Nincs oly e- rő mi tő- led el- sza- kít!

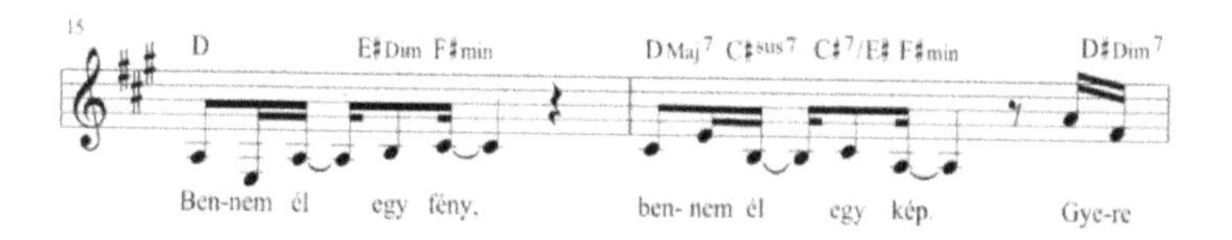
15
D E♯Dim F♯min DMaj7 C♯sus7 C♯7/E♯ F♯min D♯Dim7
Ben-nem él egy fény, ben- nem él egy kép. Gye-re

17
A/E D♯Dim7 A/E D A/E E♯Dim7 F♯min
é- rints meg, új- ra sely- mes szél. Lel- kem ér- ted ég!

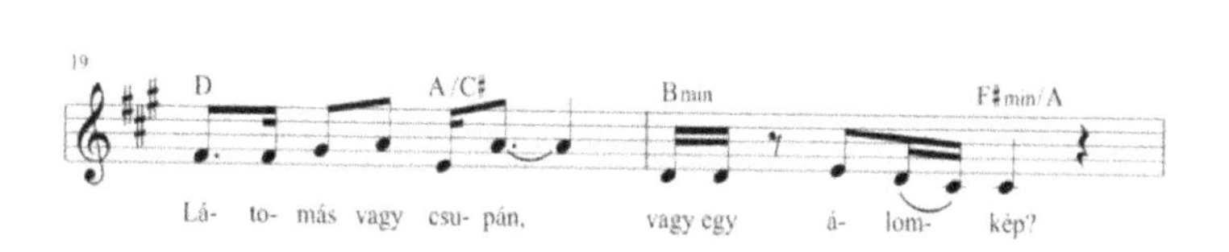
19
D A/C♯ Bmin F♯min/A
Lá- to- más vagy csu- pán, vagy egy á- lom- kép?

21
G F♯7 Bmin C♯7
Ne gyö- törj, csak sze- ress, ép- pen úgy, mint rég!

23
D DMaj9 E9 F♯min D Dadd9 E9 A
Lel- kem ér- ted ég! Lel- kem ér- ted ég!

Ő- lelj még! Ő- lelj még! Ó- ó- ó! Ő- lelj még!
Ár- va most e szív, el kell, hogy hidd!
Nincs oly e- rő mi tő- led el- sza- kít!
Ben- nem él egy fény, ben- nem él egy fény.
Min- den jót i- gért, min- den jót i- gért!
Ben- nem él egy kép, ben- nem él egy kép!
Ne tőrd ösz- sze még, ne tőrd ösz - sze még!

Színezz! Fotózd le és küldd el a címünkre!

*Tündérmese (feldolgozás alatt)

Hallj egy csodás mesét tőlem,
mi nagyon - nagyon szép:
mint egy érintés, mint egy álomkép.
Hegyen-völgyön vándoroltam, sötét volt az ég.
Nem tudtam, hogy merre tovább,
de láttam egy tündért…!
Dalom hozzá szól…, szívem ma is érte ég!

Refrén:
Sűrű volt az erdő, egyre csak múltak az évek,
Mozdulni sem bírtam, nem tudtam, miért élek,
de a fény elért, a tavaszi szél súgott egy dallamot...,
Némán száll most a hang, csak Te hallhatod...
Ha gondolsz rám...
Ha gondolsz rám...

Hideg, holdas éjszakákon szüntelen vártam rád.
Láttam arcod a tó tükrén, mint egy szép csodát.
Láttam, ahogy táncra kelnek az ezüstangyalok.
Egy percre nem éreztem, mily' magányos vagyok.
Tedd szebbé e mesét…! Dalom csak érted ég!

Refrén:
Sűrű volt az erdő, egyre csak múltak az évek,
Mozdulni sem bírtam, nem tudtam, miért élek,
de a fény elért, a tavaszi szél súgott egy dallamot...,
Némán száll most a hang, csak Te hallhatod...
Ha gondolsz rám...
Ha gondolsz rám...

Színezz! Fotózd le és küldd el a címünkre!

*Álomgyár (feldolgozás alatt)

Refrén:
Jó biznisz az álomgyár, az álomgyár, hisz
szabadon adhatod, amit gyártottál.
Nem kell hozzá se pecsét, se engedély,
csak legyen merész az álom és legyen...,
legyen..., sohasem múló szenvedély!

Elmondjam, miket is gyártok?
Milyenek is a szabvány nélküli álmok?
Vannak egész kicsik és egész nagyok,
vannak titkosak és agyatlanok.

Refrén:
Jó biznisz...
Vannak nálam rám szabott, de kinőtt álmok,
eladó rózsaszín lidércek, délibábok.
Van, amikor ébren álmodom…,
és vannak, akik taposnak az álmomon.

Refrén:
Jó biznisz...

Van, aki álom nélkül él, de érzi…mégsem szabad.
Kiárusítom annak olcsón, mi nyakamon maradt.
Van egy rémálmom, ilyet sose álmodjál,
soha se álmodjál:
hogy elfogy az álmom, és leáll az álomgyár.

Refrén:
Jó biznisz...

Színezz! Fotózd le és küldd el a címünkre!

Az élet egy játék...

Az élet egy játék, egy nagyszerű játék,
játék benne minden szerep.
Az élet egy játék, egy nagyszerű játék,
vigyázz, mert igaz is lehet!

Szörnyű egy érzés, ha tudod, mily ócska,
a darab és az elrendelt szerep.
Abba is hagynád, de félsz önmagad lenni,
s' lassan az ördögnek adod a lelkedet.

Van-e értelme a táncnak, a dalnak, a szónak,
ha az sohasem szólal meg saját hangszeren?
Lesz-e valaha összhang, csodás muzsika, ott
hol csak egyetlen távoli hang terem?

Az élet egy játék, egy nagyszerű játék,
játék benne minden szerep.
Az élet egy játék, egy nagyszerű játék,
a sajátod..., játszd…, jó csak az lehet!

*Ne félj...! (feldolgozás alatt)

„Ne félj",- szólt a rózsabokor: nincs még világ vége!
Ne félj attól, lesz még napfény. Nézz csak fel az égre!
Ha a felleg beborítja, gondolj csak a Napra.
A rózsabimbó is kinyílik..., ha nem is akarja.
Ha a felleg beborítja, gondolj csak a Napra.
A rózsabimbó is kinyílik..., ha nem is akarja."

Hogyan születnek a versek?

Ha egy költőtől megkérdezik, hogy miért is ír verseket, bizony hosszasan kell törni a fejét a válaszon. Mi is történik az alkotás során?

Az ember fia jár-kel, lát, hall, tapasztal, érez. Egyszer csak az öröm és a bánat őrlőkövei között megfogan benne egy gondolat, ami néha elbújik, néha elővillan ott belül. Néha aztán sír, néha meg nevet vagy muzsikál, olykor vádol és kérdez.

Egy váratlan pillanatban aztán egyszer csak egy isteni szikra egybegyúrja a választ és megszületik a mű. Minden a helyén van ekkor, a rím és ritmus, anélkül, hogy nagyon a helyére kellett volna rakni. Formát kap a mondanivaló a verssorok által, és ha szívből jött, generátorként működik. Átsuhan az olvasó lelkén és a „lélekszűrőn" a szépség fennakad. Aki pedig megérzi ezáltal a választ saját gyötrő kérdéseire vagy sikerül elcsitítani bánatát, az egy újabb esélyt ad önmagának, no meg a költőnek a halhatatlanságra.

Mit tesz a vers azzal, aki meghallja a lélekharagot? Nem tudom, de talán olyan lehet, mint az első napsugár cirógatása tavasszal az arcomon.

- Sziklai Edit -

Színezz! Fotózd le és küldd el a címünkre!

Négysorosok

Szeretem...

Az eső utáni földszagot.
Éjjel, ha egyedül ballagok,
az úton a kockaköveket,
ha sírhatok, mikor más nevet.

Ki az?

Kopogtatnak a hátamon
Szabad? Megfordulok
Bocsánat! - így súg a szél-
Csak a TAVASZ vagyok.

Ha...

Ha az élet álom volna,
álmából ki felocsúdva
a halál vonatára szállna:
újra élne, ha az állna.

Színezz! Fotózd le és küldd el a címünkre!

Filozófia

Ősrobbanás? Maga az élet.
Magja, ha duzzad a méhnek,
osztódik, tágul, majd sírva
szökik el, s tér meg a sírba.

Örök kérdés

Mit gondolhat ez a levél:
Ha lehull, az erdő sem él?
Jég, ha ereszt, új lomb ered:
Sejti - e az elmúlt telet?

Szeretnék…

Felhő lenni izzó égen,
Földre sírni könnyem, vérem
Harmat lenni fűszál végen,
Felhő lenni izzó égen.

Kicsi lányom

Itt az ősz megint…
Pecsét a nyáron.
Én hulló levél…
TE rügy az ágon.

Színezz! Fotózd le és küldd el a címünkre!

Karácsony

Mi volt a szép fenyő alatt?
Gyökere. (Erdőben maradt.)
Fenn fény. Honnan léte fakadt
közben: céltalan a földben.

Hívogató

Takaród jég?
Tested remeg?
Ne várj csodát!
Lépj közelebb!

Zokszó

Sajnálkozik fán a majom.
Hová süllyedt szegény fajom?
Eszméket gyárt csupasz testtel.
Nemhogy,' banánt enne reggel!

Tanács

Hiába menekülsz,
Vízbe, tűzbe, égre.
Önmagaddal kéne
kibékülni végre.

Színezz! Fotózd le és küldd el a címünkre!

Jól figyelj!

Óva intelek, kicsim!
Írhatsz a könyvről
száz szép szózatot:
ha nem olvasod!

Kérdezz, fiam!

Mi az, hogy asztal? Mi az, hogy szék?
Mi az, hogy ember? Mi az, hogy, rég?
Mi az, hogy háború? Mi az, hogy halott?
Én nem kisbogaram! ÉN Józsika vagyok.

Születésnapomra

Harminchat évemmel vissza-visszanézek,
Van - e nyoma eddig sárban a szekérnek?
Csak a vihar tör-zúz a lelkemben egyre:
Űz-hajt a cédrushoz, fel a magas hegyre.

Estefele... (Apám emlékére)

Egy késő őszi délután, meghalt az apám.
Hangtalan úgy illant tova, mint ringó fecskeszárny,
mely libben még egyet némán, majd jön az
alkonyat.
Langyos szél takar be az őszi fák alatt.

Színezz! Fotózd le és küldd el a címünkre!

KARÁCSONYFA

AZ
IGAZI ÜNNEPLÉS
AKKOR KEZDŐDIK, AMIKOR
A LELKEDET
FELKÉSZÍTETTED ARRA,
HOGY AKKOR IS TUDJON
REMÉNYT SUGÁROZNI, HA
MÁR SENKI
SEM HISZ BENNE, HOGY
VAN MÉG PÁR LÉPCSŐFOK,
AMI
FEL-
FE-
LÉ
VEZET!

A valamivel hosszabb gondolatok....

Időbuborék

Osonó idő szárnyán
Messze suhanok.
Megszülettem ma,
holnap meghalok,
s az idő végtelene
rövid, percnyi láng.
Pillanatnyi rezzenés,
mit álmodtam csupán.

Utazom

Aranykalászba öltözött
gidaszőrű mezőkön
vérvörös pipacsok
lengnek bársony szárnyakon,
s végtelen magányos
örökéltű dombok
álmodnak szerelmesen.
Nincs kezdet és a
vég semmibe olvad.
Millió tarka fény
nyugtatja két szemem.
Lágy puha köntösbe
burkol a kerge szél.

Saját verseim:

Igéző

Hálómban
Hálódban-
csillagaink,
- ezüst halak.

Hálódban
hálómban-
pilla éjben
megmerülve
- elnyugszanak.

Ezt az illó
néma álmot,
tűnő fényű
délibábot,
szél ne fújja,
tűz se érje!
Legyen örök
tündesége…

Saját dalom a ....

c. dalszövegre, versre

Mottó a nap elé

Hajnalodik. Nincs egyebem:
egy pohár kávém és egy legyem.
Ki szemtelen. Az orromra száll.
Nem ellenkezem.
Bódít az illat. Bódul a legyem,
s lám itt van a kíváncsi halál.
Ó, teremtőm!
Se kávém, se legyem.
Bámulom a csészét.
Most mi legyen?

Saját dalom a ....

c. dalszövegre, versre

Meditáció

Szél hátán falevél.
Így múlnak napjaim,
és úgy térnek vissza
hozzám a reggelek,
mint e lámpa fénye,
mi kacsingat fenn itt
a Váci út felett.

Az előadó sirama

Nincsen téglám,
Sem malterom.
Csak időm és
közönségem.

Köntörfalat
emelek hát,
hogy legyen hol
„nyugton” élnem.

Saját rajzom:

Címe:..

Úgy jó...

Úgy jó látni
kinn a havat,
ha csontig ér,
fehér marad.
Eget, ha kék.
Vizet, ha még
tükre tiszta.
Lelkemnek is
nyugalmat ad,
ha maradok
maradhatok,
ami voltam
LELKES...,
...SZABAD!

Hattyúdal

Ha gyertya volnék,
égnék még egy kicsit.
Ha hold volnék,
várnék még reggelig,
de nekem már
nincs sok hátra,
kacsintott és
kialudt a lámpa.

Saját verseim:

Keresztkérdés

Mondjátok csak: tavon a tél
milyen nyomot hagyott,
ha a fénybe ölelkező
jégpáncél már halott,
vagy a kavics, ami csobban
csókját hová tette,
hogyha a szél gyűrűit
addig egyengette,
míg csendben kisimultak,
mint az illó álom,
mint érlelődő gondolat
fonalszakadt szálon?

Tovatűntek. Szétfoszlottak,
akár ifjúságom.

Gyermekáldás

A halhatatlanságkor
talán sóhajtani kéne,
vagy könyörögni, hogy úgy
jöjjön bennem létre,
hogy mikor már testem
csak az anyag része.
Génjeimben legyek…
…legyek én a BÉKE.

Saját dalom a ....
c. dalszövegre, versre

Sikolts, hogy éljünk!

Miért hallgatsz anyám?
Megőrjít ez a csend!
Kiáltanod kell, vagy
meghalok idebent.
Ziháló, vajúdó
dohogó testedet
sötéten ölelő
sírommá ne tegyed!

Fel kell, hogy rázzalak…
Dúdolsz egy éneket?
Ne bosszants! Jajongj már!
Sírjunk a sír helyett!

Ima

Lelkem óvd meg jó REMÉNYSÉG,
adj erőt, ó tiszta szépség!
Mutass utat, merre menjek,
vérző lábbal hol pihenjek?

Üstökösként repítenek
láthatatlan szelíd kezek,
de nem tudok hol megállni,
bolygó módra körbe járni!

Minden pályát keresztezve,
széles fénycsóvát eresztve,
hasítom a sötét eget.
Porból lettem, porrá leszek

Saját rajzom:

Címe: ....

Szeretnék...

szabad lélek lenni, szabad…,
kortalan, testetlen lélek.
Nem lenne hétpecsétes lakat
alatt az sem, mit titkon érzek.

Igen. Szabadon szállni..., hol
sem tabu, sem fogadalmak,
melyek nemesek és szépek,
de megtartanak rabnak.

Lélek szeretnék lenni…!
Bölcs, mindentudó lélek.
Szavak nélkül is tudnám,
hol, s hogyan szeretnélek.

Téren, örök időn túl, hol
nincs kezdet, sem végzet.

Aforizmák, bohóságok

Bölcsességek

Vannak, akik azt álmodják,
hogy lesznek valakik,
és vannak, akik lettek valakik,
mert nem volt idejük álmodozni.

XXXXXXXXXXXXXXXXXXXXXXXXXXXX

Leginkább szellem szeretnék lenni,
hogy öröklétet nyerjek, de meglegyen a
lehetőségem arra is, hogy időnként
visszaszálljak a palackba.

XXXXXXXXXXXXXXXXXXXXXXXXXXXXX

Minél több az ülés,
annál kevesebb az állás!

XXXXXXXXXXXXXXXXXXXXXXXXXXXXX

Megéri, ha MEGÉRI!
(Reklámszöveg nyugdíjbiztosításhoz.)

XXXXXXXXXXXXXXXXXXXXXXXXXXXXX

Minél öregebb leszek, – szólt a tölgy - annál inkább
ellenállok a szélnek.

XXXXXXXXXXXXXXXXXXXXXXXXXXXXX

Saját bölcs mondásaim:

....

....

....

....

....

....

....

....

....

....

....

....

....

....

....

....

....

....

....

....

„Annyira nincs kedvem semmihez,
hogy még
a **NINCSHEZ való**
semmihez
sincs kedvem…”

XXXXXXXXXXXXXXXXXXXXXXXXXXXXX

Inkább –„tejfoggal” kőbe -,
mint fűbe harapjon az ember!

XXXXXXXXXXXXXXXXXXXXXXXXXXXXX

„Sok bolond közt
csak
a normálisnak
nincs esze…”

XXXXXXXXXXXXXXXXXXXXXXXXXXXXX

„Az ellenszenv
nem más,
mint az azonos pólusok közt
fellépő taszító erő.”

XXXXXXXXXXXXXXXXXXXXXXXXXXXXX

Saját bohóságok rímmel, vagy rím nélkül….

……………………………………………………………………………

……………………………………………………………………………

……………………………………………………………………………

……………………………………………………………………………

……………………………………………………………………………

……………………………………………………………………………

……………………………………………………………………………

……………………………………………………………………………

……………………………………………………………………………

……………………………………………………………………………

……………………………………………………………………………

……………………………………………………………………………

……………………………………………………………………………

……………………………………………………………………………

……………………………………………………………………………

……………………………………………………………………………

……………………………………………………………………………

……………………………………………………………………………

……………………………………………………………………………

……………………………………………………………………………

Egy nagyhatalom (a látszattal ellentétben),
mindig akkor kezd szétomlani,
amikor már megvannak az eszközei arra is,
hogy még hatalmasabbá tegye önmagát.

XXXXXXXXXXXXXXXXXXXXXXXXXXXXXX

A szerelem nem tart mindig örökké.
Jól figyelj!
Hasztalan döglött macskát simogatni,
az már nem fog többé dorombolni.

XXXXXXXXXXXXXXXXXXXXXXXXXXXXXX

Találka

Várrém
Vár rám.

XXXXXXXXXXXXXXXXXXXXXXXXXXXXXX

Tömegiszony

Hány a kánya?
Hány a kánya.

XXXXXXXXXXXXXXXXXXXXXXXXXXXXXX

Tartalom

A DALSZÖVEGÍRÓ, KÖLTŐ

Indul a *„Palackposta”!*

Régen dédelgetett álmom ez a kötet. Egy könyv, melyet közösen írunk.

Dallamok, szavak, képek indulnak útnak lelki társakat találni, hogy valami szép létrejöhessen.

Már régóta zsongtak fülemben melódiák és mellé táncoló verssorok, kimondott és kimondatlan szavak. Egyszer csak egy érzés ezt formára tervezte és dalszöveggé, verssé állt össze. Most arra vár, hogy valakik találjanak hozzá dallamot!

Baján születtem 1958-ban, egy Duna melletti kisvárosban. Imádom a folyó keserű illatát. Sokszor sétáltam apámmal a partján, ahol soha meg nem íródott, helyi legendát feldolgozó színdarabunkról ábrándoztunk. Mióta Budapesten élek, a Duna mentét el nem hagyva, érlelődik bennem egy másik izgalmas darab, amelynek *Pesti legenda* lesz a címe. A dalszövegeim többsége, melyeket a ma még fellelhető fővárosi kávéházak hangulata ihletett: odaszolgálnak majd dalbetétként.

Nemrégen találkoztam kedves szerzőtársaimmal, akik fantáziát láttak az alkotásaimban.

Kovács Gémes Julianna, popénekes vállalkozott jó pár dalszövegem megzenésítésére. Asztalos Rita, zongoraművésznő pedig lekottázta és kíséretet írt hozzá. Milyen nagyszerű lenne, ha valaki a *„Palackpostát"* meglelve szintén kedvet kapna erre, netán még zenekari kíséret is kialakulhatna a meglévőkhöz!

Egy kedves ismerősöm, Csonka Hajnalka pedig a képeit ajánlotta fel, hogy külcsínt is adjunk a mondanivalónak. Kitaláltuk, hogy pluszban még szórakozást is nyújtunk a kedves olvasónak, ha szeret színeket varázsolni.

Ekkor született meg az Alkotók Társasága megalakulásának gondolata és az interaktív alkotókönyvben közzétett pályázat ötlete. Miért ne alkothatnánk együtt az olvasó közönséggel? Miért ne örülhetnénk együtt a kész műnek, vagy adhatnánk elő azt egy színpadon? - Lehet ennél jobb érzés ebben a kétségekkel teli világban, mint látni, hogy miként válik fenséges étellé a „kőleves"?

Jelenleg iskolai könyvtárosként dolgozom egy budai iskolában. Szombathelyen végeztem könyvtár-magyar szakos tanárként, majd népművelőként. Mindig is szerettem új dolgokkal kísérletezni és játszani. Már negyven éve Budapesten élek.

Szeretem ezt a várost minden szépségével és bűnével együtt. Nagy álmom pár szívből jövő pesti dalt adni a világnak. Egyedül kevés vagyok hozzá, de együtt talán menni fog!

Budapest, 2021.

Sziklai Edit, könyvtáros-tanár

A ZENESZERZŐ

Kovács Gémes Julianna vagyok.
Egy felnőtt fiam van.

Diplomámat az ELTE Bölcsészkarán szereztem. Angol nyelv és irodalom szakos tanár vagyok, valamint arab orientalista előadó.

Folyamatosan tanítok angol és arab nyelveket, mert vallom, hogy általa többek leszünk és jobban megértjük a világot.

A művészet ezer arca már kislány korom óta arra ösztönöz, hogy több műfajban is kipróbáljam magam. Szeretek előadni keleti pop-folk és arab dalokat.

Énekelek még perzsa és hindi nyelveken is, de a jazz, a musical, az operett és a magyar nóta is nagyon kedves a szívemnek.

Sokfelé hívtak már szerepelni, saját előadói estem is volt és megtapasztalhattam már a nagyközönség szeretetét is. Magam is írok dalszövegeket és szerzek saját zenét is hozzá.

Edit szívbe találó, egyedi dalszövegeire pedig boldogság volt dallamokat írni. Sok szeretettel ajánlom verseit is és a könyv egészét! Tartalmas szórakozást és olvasást kívánok!

A GRAFIKUS

Csonka Hajnalkának hívnak, és 1968-ban születtem Budapesten.

Szeretek a természet közelében lenni, mert ezer kincs van körülöttünk, ami a javunkat szolgálja, csak észre kell venni.
Mindig is lenyűgözött a formák és színek játéka.

Gyermekkoromban egyszer Pécsett láttam egy csodálatos kiállítást. Victor Vasarely képei elbűvöltek. Én is megpróbáltam hasonlót rajzolni.

Az élet sok megpróbáltatás elé tett, így jó ideig elmaradtak az álmaim.
2007-ben valahogy egy váratlan percben mégis előjött a kísértés és újra rajzolni kezdtem.

Tíz évre rá találkoztam Editkével, akivel egy közös csoportban táncoltunk és barátságot kötöttünk. Ő figyelt fel a rajzaimra és jött most a csodálatos ajánlattal, hogy a *„Palackposta"* c. kötetbe kerüljenek be a versek mellé.

Köszönöm a lehetőséget. Ha bárkinek is kedvet adhatok a rajzoláshoz és örömöt nyújthatok grafikáimmal, már megérte alkotni!

Editnek azok a versei is nagyon tetszenek, melyek az „*Út közben...*" c. kötetben jelentek meg 2015-ben. A mostani újabb költeményeket és dalszövegeket is a legjobb szívvel ajánlom!

A HARMÓNIÁK MESTERE

A nevem **Asztalos Rita.** Zongoraművész-tanár vagyok.

A klasszikus zenén kívül könnyűzenével, hangszereléssel és improvizációval is foglalkozom. Szimfonikus zenekarok, színházi zenekarok és kamarazenekarok tagjaként, valamint kamarazenei csoportok közreműködőjeként rendszeresen koncertezem hazai és külföldi koncerteken, előadásokon.

Ezenkívül nemzetközi karmesterkurzusok, zongorakísérője és a Magyar Állami Operaház művészeként a Magyar Nemzeti Balett korrepetítora vagyok.

Igazi kihívást jelentett számomra a tehetséges dalszerző, Kovács Gémes Julianna magával ragadó dalait harmóniákkal ellátni és zongorakíséretet komponálni a tervezendő *„Pesti legenda"* című színházi estre. Melyekhez természetesen a Sziklai Edit költőnő tollából származó színes és elbűvölő szövegek nagyszerű ihletet adtak.

Nagyon szépen köszönöm szerzőtársaimnak a csodás közös munkát!

Szívből ajánlom ezt az ötletes könyvecskét minden – az önkifejezés említett formái iránt érdeklődő – kedves Olvasónak! Tehát bárkinek, aki szívesen megmutatná szélesebb körben is a tehetségét és részese szeretne lenni alkotóközösségünk következő köteteinek.

Lightning Source UK Ltd.
Milton Keynes UK
UKHW021002291121
394778UK00013B/1177